AF467845

MÉMOIRES

SUR

L'HISTOIRE DU DROIT

DES LOMBARDS

PAR

EUGÈNE DE ROZIÈRE

INSPECTEUR GÉNÉRAL DES ARCHIVES.

PREMIER MÉMOIRE.

PARIS

AUGUSTE DURAND, LIBRAIRE

RUE DES GRÈS-SORBONNE, 7

1864.

Extrait du **RECUEIL** de l'Académie de Législation

(Tome XIIe, 1863).

AVANT-PROPOS.

Le peuple lombard est de tous les peuples germaniques celui dont la personnalité s'est maintenue le plus longtemps. Il a soumis et possédé la majeure partie de l'Italie, il a été à son tour vaincu par les chefs de la nation des Francs, et cependant il a échappé au double ascendant de ses sujets romains et de ses conquérants germaniques. Tandis que les lois salique, ripuaire, allemande, bavaroise, se perdaient au sein de la féodalité et des institutions communales, la loi lombarde gardait son caractère national. Obligée, sur quelques points, de reculer devant les coutumes municipales, elle devint au contraire, dans un grand nombre de localités, la coutume même, le droit commun du territoire. Seule entre toutes les lois germaniques, elle eut cette fortune de servir de base aux travaux d'une école célèbre de jurisprudence, de sorte qu'au moment où son rôle était près de finir, elle puisa dans les remaniements dont elle avait été l'objet une vie nouvelle, et leur dut, en quelque sorte, une seconde existence, qui s'est prolongée jusqu'à nos jours.

Une pareille destinée était de nature à fixer l'attention des érudits qui consacrent leurs veilles à l'étude historique du droit. Aussi la loi des Lombards a-t-elle été récemment l'objet de plusieurs travaux importants. M. Merkel a tracé une histoire rapide de ses progrès et de ses vicissitudes dans une dissertation destinée à servir d'appendice à l'histoire du droit romain de M. de Savigny [1]. M. le comte Baudi di Vesme s'est attaché spécialement à l'étude de sa forme primitive, et il a rétabli, avec autant de patience que de sagacité, le texte des édits antérieurs à la chute du royaume lombard [2]. M. Anschütz, au contraire, a recueilli et publié quelques-uns des commentaires dont elle fut l'objet après sa rénovation scientifique au XIIe siècle [3].

Quoique ces divers savants n'aient point embrassé l'ensemble du sujet, ils ont cependant jeté sur un certain nombre de points une si vive lumière, que j'ai cru le moment venu d'écrire une histoire complète de la législation lombarde. J'ai pensé qu'un travail de cette nature pouvait être entrepris avec profit pour la science, et que l'Académie voudrait bien en entendre la lecture avec indulgence.

[1] *Die Geschichte des Langobarden-Rechts*. Berlin, 1850.

[2] *Edicta regum Langobardorum* (dans les Monumenta historiæ patriæ, publiés à Turin). In-folio, 1855.

[3] *Die Lombarda-Commentare des Ariprand und Albertus*, Heidelberg, 1855.

PREMIER MÉMOIRE.

DU CODE DE ROTHARIS.

La première rédaction des lois lombardes eut lieu sous Rotharis, en 643. Il y avait soixante-seize ans qu'Alboin s'était emparé des provinces septentrionales de l'Italie, et la nation comptait déjà dix-sept souverains depuis qu'elle avait quitté ses anciennes demeures pour venir prendre sa part des dépouilles de l'Empire.

Il est bien certain qu'avant cette rédaction, les Lombards possédaient un droit national. Leurs historiens le constatent expressément, et d'ailleurs on ne peut supposer qu'un peuple conquérant et propriétaire fût dépourvu de toute législation. Mais ce droit, comme celui des autres nations barbares, était nécessairement incertain, mobile, incohérent, et le séjour des Lombards au milieu de la population romaine avait montré son insuffisance. L'entreprise de Rotharis fut d'en coordonner les différentes parties, de l'épurer et de le fixer, en lui donnant pour base un code écrit dans la langue que les vaincus avaient imposée aux vainqueurs.

On pourrait concevoir quelques doutes sur le caractère de la législation lombarde antérieure à Rotharis. Etait-elle déjà rédigée par écrit, ou reposait-elle seulement sur la coutume et la tradition? Cette question n'est pas spéciale à l'histoire du droit lombard; elle se présente à l'origine de toutes les législations [1], et je pense qu'elle doit recevoir toujours la même solution. S'il est conforme à la nature des choses que les hommes ne puissent vivre, même à l'état barbare, sans un certain nombre de règles destinées à fixer leurs rapports, l'histoire des plus anciennes sociétés montre que l'écriture n'est pas un élément essentiel de ces législations primitives. Le droit d'un peuple se forme insensiblement; les souvenirs de la première patrie, les aventures, les guerres, le climat, la nature du sol, les relations de voisinage, influent sur son développement; les coutumes pratiquées par les ancêtres se transmettent de bouche en bouche aux générations qui suivent, et la pensée de constater par écrit ces usages traditionnels ne se présente pas avant que le contact d'une civilisation plus avancée en ait fait naître le besoin. Les Saliens, les Ripuaires, les Allemands, les Bavarois, n'ont possédé de législation écrite qu'après leur établissement définitif sur le sol de l'Empire et leur mélange avec la race vaincue. Les Lombards avaient les mêmes traditions, les mêmes mœurs, les mêmes instincts que les autres peuples de race germanique; ils pratiquaient les mêmes usages, et je ne vois pas de raisons pour attribuer à leur droit un développement plus hâtif.

Je ne crois même pas que leurs coutumes nationales aient été rédigées pendant l'intervalle de temps qui sépare

[1] Heineccius, *Historia juris civilis*, lib. II, § 2 et suiv. — Pardessus, *Loi salique*, page 417. — Davoud-Oghlou, *Histoire de la législation des Germains*, t. II, p. 5.

l'invasion d'Alboin du règne de Rotharis. Quelques mots du *Préambule* mis par ce prince en tête de son code l'ont fait supposer [1] : *Necessarium esse prospeximus præsentem corrigere et componere legem, quæ priores omnes removeat et emendet, et quod deest adjiciat, et quod est superfluum abscindat.* Mais, d'une part, ce passage publié par Muratori d'après deux manuscrits postérieurs de plusieurs siècles au règne de Rotharis, (les manuscrits d'Este et de Milan), soulève de grandes difficultés. Le plus récent et sans contredit le plus savant éditeur des lois lombardes, M. le comte Baudi di Vesme, lui oppose une version fournie par les manuscrits les plus anciens et les plus recommandables, et d'après laquelle, loin de faire allusion à la législation précédente, Rotharis prévoit au contraire et autorise d'avance les corrections que ses successeurs voudront faire subir à son œuvre : *Necessarium esse prospeximus præsentem corregere legem, quam priores homines renovent et emendent, et quod deest adjiciant, et quod superfluum est abscindant.* — D'autre part, le texte de Muratori, en l'acceptant même pour sincère, me paraît avoir dans l'histoire du droit lombard la même signification que les deux *Prologues* de la loi salique dans l'histoire du droit des Francs ; il ne constate qu'une chose, c'est qu'il existait avant Rotharis un certain nombre de règles de droit ; mais il ne prouve pas que ces règles fussent mises par écrit. — Paul Diacre affirme, de son côté, qu'avant Rotharis le droit de la nation lombarde ne reposait que sur la coutume et ne se transmettait que par la tradition : *Rotharis rex Longobardorum leges, quas sola memoria et usu retinebant, scriptorum serie composuit* [2]. — Enfin, Rotharis lui-même, dans l'*Epilogue* placé à la fin de son code, atteste

[1] Davoud-Oghlou, *loc. cit.*, p. 6.
[2] Lib. IV, cap. XLIV.

qu'avant lui les usages des Lombards n'avaient pas encore été mis par écrit : *Præsentis verò dispositionis nostræ edictum..... inquirentes et rememorantes antiquas leges patrum nostrorum*, QUÆ SCRIPTÆ NON ERANT, *condidimus* [1]. — Ce témoignage du législateur dans sa propre cause pourrait paraître suspect, s'il était isolé ; mais les traditions historiques et les inductions tirées de l'histoire juridique des autres peuples germains lui prêtent une grande force, et cette réunion de preuves ne nous permet pas de douter que le code de Rotharis n'ait été le premier monument écrit de la législation des Lombards.

Ce code fut promulgué le 22 novembre 643, à Pavie, dans l'assemblée générale de la nation, et confirmé par la cérémonie solennelle de la *Gairethinx*. Il reçut de son auteur même le titre d'*Edictum*, titre qui fut depuis employé par tous les successeurs de Rotharis, et qui est demeuré attaché aux monuments du droit lombard, comme celui de *Capitulare* aux actes législatifs des princes Carlovingiens. L'exemplaire original demeura entre les mains d'Ansoald, notaire du palais, et, pour prévenir les altérations qui pourraient résulter de la fraude ou de l'ignorance des copistes, le roi déclara que s'il s'élevait jamais des contestations sur le texte de l'Edit, on devrait s'en référer aux exemplaires écrits ou du moins certifiés par ce notaire, lesquels auraient seuls autorité devant les tribunaux : *Et hoc generaliter damus in mandatis, ne aliqua fraus per vitium scriptorum in hoc edictum adhibeatur, si aliqua fuerit intentio, nulla alia exemplaria credatur aut suscipiatur, nisi quod per manus Ansoaldi notario nostro scriptum aut recognitum seu requisitum fuerit* [2]. Cette disposition rappelle naturellement à l'esprit le *Commonitorium* du Bréviaire wisigoth, dans

[1] Edictum Rotharis, cap. CCCLXXXVI (ed. Vesme).
[2] Edictum Rotharis, cap. CCCLXXXVIII (ed. Vesme).

lequel Alaric II ne permettait de produire en justice que les copies certifiées par le référendaire Anianus [1].

Je ne crois pas inutile de donner quelques détails sur le rôle et la composition de l'assemblée où fut promulgué le code de Rotharis. C'était un usage des Germains, attesté par Tacite, de se réunir à certaines époques fixes, pour délibérer en commun sur les affaires qui intéressaient la tribu [2]. Ces assemblées générales survécurent à la conquête; mais elles furent profondément modifiées. Au lieu de former un corps de guerriers groupés autour de leur chef et retenus par les mêmes périls et la même ambition, les conquérants se dispersèrent dans le pays dont ils s'étaient emparés, et fondèrent le plus souvent dans les campagnes des établissements isolés. On ne saurait dire que l'idée de nationalité et le sentiment de la commune patrie s'effaça complètement de leurs esprits; mais il est certain que leurs intérêts les plus précieux se concentrèrent dans le canton où ils s'étaient fixés. C'était dans l'assemblée locale, présidée par le magistrat qui administrait ce canton, que se tenaient les assises judiciaires; c'était là qu'avaient lieu les convocations militaires, et que se faisaient le plus souvent les donations, les ventes, les échanges, les affranchissements et la plupart des transactions civiles [3]. Les nombreuses dispositions des lois barbares relatives à ces assemblées montrent le prix que les Germains y attachaient. La loi des Allemands voulait qu'elles fussent tenues dans chaque circonscription une fois tous les quinze jours, et si le pays n'était pas tranquille, une fois par semaine : *Conventus secundum antiquam consuetudinem fiat in omni centena* [4].

[1] Voir le texte du *Commonitorium* dans Savigny, *Histoire du Droit romain au moyen-âge*, t. II, p. 25 (trad. fr.).

[2] Tacite, *De moribus Germanorum*, cap. XI.

[3] Guizot, *Essais sur l'histoire de France*, ch. III, § 1.

[4] Lex Alaman. XXXVI, 1.

Ipsum placitum fiat de sabbato in sabbatum, aut quali die comes aut centenarius voluerit a septem in septem noctes, quando pax parva est in provincia; quando autem melior est, post quatuordecim noctes fiat conventus [1]. La loi des Bavarois exigeait leur convocation une fois par mois, et en cas de nécessité tous les quinze jours : *Ut placita fiant post kalendas, aut post quindecim dies, si necesse est* [2]. L'édit de Rotharis constate que chez les Lombards elles se tenaient à la porte des églises [3], *in conventum ante ecclesiam*, et il punit d'une amende ceux qui en troubleraient la régularité [4]. Le nouveau genre de vie adopté par les Germains depuis la conquête donnait donc aux réunions cantonales une grande importance, mais il diminuait en même temps la fréquence et l'utilité des assemblées générales de la nation. Il devenait chaque jour plus difficile et moins nécessaire pour le citoyen éloigné de la résidence royale, de se rendre à ces assemblées, dont les délibérations n'embrassaient que des intérêts généraux, auxquels il se regardait presque comme étranger. Sans doute, chaque Lombard conservait le droit d'assister aux diètes de Pavie; aucune loi ne l'en avait privé, et d'ailleurs ce droit était trop inhérent à la constitution des peuples germaniques pour qu'aucun législateur pût songer à l'abolir. Mais, dans le fait, les ducs, les évêques, les comtes, les grands propriétaires, peut-être aussi les petits cultivateurs du voisinage et les marchands, attirés par l'appât des fêtes ou les spéculations du commerce, étaient les seuls à l'exercer, et l'on tomberait dans une grande erreur si l'on croyait, sur la foi de quelques documents contemporains, que la foule des guerriers (*cunc-*

[1] Lex Alaman. XXXVI, 2.
[2] Lex Bajuv. XV, 1.
[3] Edict. Roth., cap. CCCXLIII (ed. Vesme).
[4] Ibid., cap. VIII.

tumque felicissimum exercitum) accourût à ces réunions [1].

Ce fut dans une assemblée de cette nature que l'édit de Rotharis fut promulgué. L'épilogue semble attribuer à tous les assistants l'honneur de sa rédaction : *Edictum..... quod pro commune omnium gentis nostræ utilitatibus pari consilio comparique consensu, cum primatus, judices cunctoque felicissimum exercitum nostrum constituimus.* Mais il faut bien se garder de prendre ces expressions à la lettre. En effet, les Lombards ne suivaient probablement pas dans la rédaction de leurs lois une marche différente de celle qui était usitée chez les autres nations germaniques. Or nous savons, par le témoignage de Tacite, que les affaires importantes étaient d'abord discutées par les chefs, et que la décision seule appartenait à l'assemblée : *De minoribus rebus principes consultant, de majoribus omnes, ità tamen ut ea quoque, quorum penès plebem arbitrium est, apud principes pertractentur* [2]. Nous voyons par l'exemple des Saliens et des autres tribus qui leur étaient soumises, que les lois promulguées par les princes Mérovingiens étaient préparées par les conseillers du souverain, et que l'assemblée nationale était seulement appelée à donner sa sanction. Il est donc probable que le code de Rotharis avait été, sur l'ordre de ce prince, élaboré par une commission de jurisconsultes et de hauts fonctionnaires, et que le rôle de la diète tenue à Pavie en 643 consista seulement à le confirmer par son acceptation.

Jusqu'ici, je n'ai trouvé dans l'histoire de la rédaction du droit des Lombards, rien qui différât des procédés suivis par les autres peuples germaniques ; mais le mode employé pour sa confirmation me paraît constater l'existence d'un usage particulier à cette nation. Le code de Rotharis, dit

[1] Edict. Roth., cap. CCCLXXXVI (ed. Vesme).

[2] Tacite, *De moribus Germanorum*, cap. XI.

l'épilogue, fut confirmé, *secundum ritus gentis nostræ, per gairetinx.* Quelle était la cérémonie ainsi désignée? Quel était le sens, quelle était la valeur de cette expression? Ni les glossaires de Ducange et de Lindenbrog, ni les différents traités de diplomatique qui se sont occupés de ce sujet, ne me paraissent en avoir donné des notions satisfaisantes.

Le mot *gairethinx* est formé de deux anciens mots germaniques : *warend,* en saxon *werian,* qui exprime l'idée de protection, de défense et par extension de garantie, et *thing* ou *thinx,* qui signifie donation ; *thinx, quod est donatio* [1].

Le mot *warend* a produit dans la basse-latinité les substantifs : *warentus, warendator, warentatio, warentigatio, warentia, garantia, garantigia,* et les verbes *warandare, warantigare, garantire, garantigare,* etc. C'est de là que se sont formés notre ancien verbe *granter,* et notre verbe moderne *garantir.* D'un autre côté, le mot *thinx* a donné naissance au verbe *thingare*, qu'on trouve à chaque pas dans les lois des Lombards avec le sens de *donner, faire une libéralité.* Le mot composé *gairethinx,* dont les variantes sont trop nombreuses pour que je prenne le soin, inutile d'ailleurs, de les relever ici, exprime donc l'idée de la protection, de la garantie ajoutée à un acte de donation. Un ancien glossaire, contenu dans un manuscrit de la Bibliothèque royale de Madrid, et récemment publié par M. Baudi di Vesme, le définit *donum obligatum,* c'est-à-dire une donation confirmée par un engagement particulier. C'est dans ce sens qu'il est employé par les rois Rotharis et Liutprand ; le premier dit, au chapitre CLXXII de son édit, que dans les donations, la solennité de la *gairethinx* doit avoir lieu publiquement, devant témoins, et au

[1] Glossaire de Ducange, v° *Garathinx.*

chapitre CLXXIV, qu'à la mort du donateur, le donataire, en faveur de qui cette solennité est intervenue, doit entrer immédiatement en possession des choses données; le second, dans le chapitre IV de son huitième édit, prononce la nullité des donations qui n'auraient point été accompagnées de la *gairethinx*, ou d'une autre solennité désignée sous le nom de *launechild*, qui est étrangère à notre sujet. Il ajoute même une réflexion qui montre combien l'emploi de cette solennité était conforme au génie de la nation lombarde, c'est que l'édit de Rotharis n'avait point prononcé cette nullité, mais qu'elle résultait d'une coutume invétérée et de la jurisprudence constante des tribunaux.

La *gairethinx* étant dans la plupart des cas la condition essentielle de la validité des donations, il n'est pas surprenant que, dans l'usage, elle se soit entièrement confondue avec elles. Aussi voit-on Rotharis, dans le chapitre CLXVII de son édit, employer ce mot comme synonyme de donation, et d'un autre côté Liutprand, dans le chapitre IV de son huitième édit, désigne la solennité de la *gairethinx* sous le simple nom de *thingatio*. Cette confusion a passé du texte même des lois dans les écrits des lexicographes et des glossateurs. Papias traduit *gairethinx* par *donum*, sans autre explication, et les mots *per gairethinx* de l'édit de Rotharis sont accompagnés dans les textes glosés par les jurisconsultes de Pavie du commentaire suivant, *id est per donationem*.

L'étymologie du mot *gairethinx* porte à croire que dans le principe cette solennité n'était employée que pour les donations. Mais peu à peu l'usage s'introduisit de l'appliquer à d'autres contrats. Nous en trouvons la preuve dans l'édit de Rotharis pour ce qui concerne les affranchissements. Le chapitre CCXXIII ordonne au maître qui veut épouser son esclave, de l'affranchir préalablement, et de confirmer son affranchissement par la *gairethinx*. Le chapitre CCXXV, énumérant les différents modes d'affranchissement usités chez les Lombards et leurs conséquences légales, nomme l'affranchissement *per gairethinx* celui qui confère à l'affranchi la plénitude de la liberté. On pourrait peut-être, en étudiant attentivement tous les diplômes qui nous sont restés de l'époque lombarde, trouver l'emploi de la *gairethinx* dans la vente, les échanges et autres genres de transactions civiles. Mais ce que j'en ai dit suffit pour faire connaître le caractère de cette solennité. C'était évidemment une convention accessoire, qui venait s'ajouter à la convention principale pour la confirmer, et qui créait entre les parties contractantes un lien juridique plus étroit. L'auteur d'un ancien glossaire contenu dans un manuscrit du Vatican a bien saisi ce caractère et l'a nettement rendu, en traduisant d'une façon générale *gairethinx* par *obligatio* [1].

Dans nos idées modernes, nous avons peine à comprendre l'utilité de ces solennités accessoires, destinées à confirmer les conventions et à en assurer l'exécution. Dans notre droit, les conventions tirent toute leur force du seul consentement des parties contractantes, et si nous y ajoutons parfois des clauses pénales, ce n'est pas pour leur communiquer plus d'énergie, mais seulement pour ne pas laisser aux tribunaux l'appréciation du dommage que leur non-exécution peut nous causer. Il n'en est pas de même chez les peuples d'une civilisation peu avancée. Les clauses débattues et arrêtées entre les parties ne sont à leurs yeux qu'un préliminaire de l'engagement ; pour qu'elles leur paraissent exécutoires, il faut qu'elles soient confirmées par un acte extérieur, public, solennel, qui frappe les esprits et manifeste hautement la volonté. C'est là ce qui explique l'emploi de ces formes symboliques, que nous voyons usitées chez toutes les nations barbares, et qui se montrent encore si

[1] Vesme, préface, p. cx et suiv.

nombreuses dans les premiers âges de la législation romaine. Au moyen-âge, le serment religieux remplaça les symboles. Les recueils diplomatiques sont remplis de traités de paix ou d'alliance, et même de contrats privés, composés de deux actes distincts, dont le premier renferme les conditions fixées entre les parties, et dont le second contient seulement la promesse solennelle de les accomplir. Dans quelques pays cette coutume s'est transmise jusqu'à nos jours. Le savant Carlo Pecchia [1] nous apprend qu'au siècle dernier l'usage existait encore dans le royaume de Naples de joindre un pacte accessoire à tous les contrats, afin de rendre leur exécution plus certaine, et il n'hésite pas à faire remonter l'origine de cet usage jusqu'à la *gairethinx* des Lombards.

Il est plus facile de constater le caractère de cette solennité que de découvrir la forme dans laquelle elle s'accomplissait. Evidemment ce n'était point l'écriture. Un pareil mode n'offre pas ce côté frappant, cette apparence extérieure, que recherchent les peuples barbares ; et d'ailleurs les Lombards n'étaient point assez lettrés, même au temps de Rotharis, pour l'employer dans leurs transactions journalières. Etait-ce un objet symbolique qu'une des parties remettait à l'autre, quelque chose qui ressemblât à la *festuca* des Francs, ou bien un échange de paroles sacramentelles, comme dans la stipulation des Romains ? J'inclinerais volontiers vers cette dernière supposition. On sait en effet que les peuples barbares ont un grand respect pour ces formules solennelles, et se les transmettent pendant des siècles sans altération, alors même qu'elles ont perdu depuis longtemps leur sens primitif.

Du droit privé, où je viens de montrer son application, la *gairethinx* passa dans le droit public, et fut employée

[1] Storia dell' origine e dello stato della gran corte della vicaria.

pour la confirmation des lois par l'assemblée générale de la nation. C'est ainsi que l'édit de Rotharis, comme ce prince le déclare lui-même dans son épilogue, reçut dans la diète de 643 cette suprême confirmation. Si l'on adopte l'opinion que j'ai émise sur la forme que revêtait cette solennité, on doit supposer qu'un des notaires du palais fit la lecture du nouveau code devant l'assemblée réunie à Pavie, qu'il prononça ensuite l'interrogation consacrée, et que l'assemblée manifesta son consentement par ses acclamations.

Ce n'est pas sans motifs que je suis entré dans quelques détails sur les solennités employées par les Lombards pour la promulgation de leurs lois. La connaissance de ces rites traditionnels nous découvre les principes mêmes de leur droit public, et nous permet d'apprécier le caractère des divers monuments de leur législation. Avant que les Germains ne fussent établis sur le sol de l'Empire, la décision de toutes les affaires importantes appartenait à l'assemblée générale des guerriers ; le pouvoir législatif, si toutefois on peut donner ce nom à l'établissement de quelques règles de droit criminel et de police, résidait dans cette assemblée, et les chefs de chaque tribu n'étaient que les exécuteurs de ses volontés. La conquête modifia nécessairement cette organisation. Les assemblées générales devinrent plus difficiles et plus rares ; l'isolement des guerriers, que la conquête avait rendus propriétaires et cultivateurs, assura à l'autorité du chef une prépondérance décisive ; les mœurs des Romains et les traditions empruntées à l'Empire environnèrent son pouvoir d'un prestige jusqu'alors inconnu. D'un autre côté, les besoins créés par le nouveau genre de vie et les relations avec la population vaincue rendirent plus fréquente la nécessité d'établir de nouvelles règles de droit ou de modifier les règles anciennes. Le pouvoir législatif passa donc en partie dans les mains du chef, devenu le souverain du territoire conquis. Mais le souvenir de l'ancienne constitution se maintint avec énergie. Les lois émanées de la simple autorité du chef ne furent jamais confondues avec celles qui avaient été solennellement acceptées dans l'assemblée de la nation. Ces dernières étaient environnées d'un plus grand respect ; elles étaient seules désignées sous le titre de *lois ;* elles constituaient seules le véritable droit national ; s'il était permis de comparer à nos institutions modernes les usages de ces siècles reculés, je dirais qu'il y avait entre ces deux sortes de lois la même différence qu'on pourrait signaler aujourd'hui entre les ordonnances ou décrets rendus par nos souverains, et les lois discutées et votées par nos assemblées législatives.

La distinction que je viens d'indiquer se rencontre à chaque pas dans l'histoire du droit des Francs. Ni les historiens, ni même les copistes des manuscrits, ne confondent les *Præcepta,* les *Decreta,* les *Constitutiones* des princes Mérovingiens ou Carlovingiens, avec les *Capitula legibus addita,* les *Capitula pro lege habenda*, les *Capitula generalia*, acceptés par l'assemblée générale comme suite et développement du droit de la nation. Il en était de même chez les Lombards. Le titre d'*Edictum* n'appartenait qu'aux lois acceptées par l'assemblée générale et confirmées par la *gairethinx*; les prescriptions émanées des rois seuls étaient désignées sous les noms de *Notitiæ*, *Breve*, *Capitula in brevi ;* elles ne jouissaient ni du même respect, ni de la même autorité.

Quoiqu'il ne reste aujourd'hui qu'un très petit nombre de ces *notices*, on peut cependant les diviser en plusieurs classes, et constater leurs différents caractères. Les unes avaient pour objet de statuer sur une difficulté urgente, que le texte de l'édit n'avait pas prévue ; si les règles qu'elles établissaient étaient accueillies avec faveur et prenaient pied dans la pratique, elles étaient généralement admises par quelque assemblée postérieure à faire partie de l'édit, et se trouvaient ainsi élevées au rang de lois nationales. —Les autres n'avaient qu'un caractère transitoire, elles obligeaient pendant la vie du roi qui en était l'auteur; mais à sa mort elles perdaient toute autorité. Nous en avons un exemple frappant dans une *notitia* du roi Liutprand de l'année 733, où ce prince s'exprime ainsi : *Hoc autem in diebus nostris et in tempore regni nostri statuimus, quamquam lex nostra non sit ; post autem nostrum decessum, qui pro tempore princeps fuerit, faciat sicut rectum secundum animam suam providerit.* — Les autres enfin ne s'adressaient qu'aux officiers royaux et ne contenaient que des instructions relatives à l'exercice de leurs fonctions.

Il est possible qu'après la promulgation de son édit, Rotharis ait publié quelques ordonnances de cette nature. Toutefois, il n'en est pas parvenu jusqu'à nous, et la législation de ce prince, telle que nous la connaissons, consiste tout entière dans le code de 643. Ce code est composé d'un prologue et de 388 chapitres. C'est du moins sous cette forme que nous le présente M. Baudi di Vesme, qui a fait preuve dans son édition d'une grande sagacité et d'une rare intelligence des textes. Il me suffira d'ajouter quelques remarques aux observations contenues dans sa *Préface* et dans ses *notes critiques*. Le chap. CCCLXXXVI, où se trouve mentionnée la confirmation de l'édit par la *gairethinx*, a moins le caractère d'une disposition législative que celui d'un *épilogue,* et c'est sous ce titre que j'ai cru devoir le citer dans le cours de ce Mémoire. Les chapitres CCCLXXXVII et CCCLXXXVIII renferment évidemment des additions décrétées après l'acceptation du code par la diète de Pavie; mais on ne doit pas les ranger parmi les *notitiæ* dont j'ai précédemment parlé. L'*épilogue* constate, en effet, qu'en présentant son édit à la diète, Rotharis s'était réservé le pouvoir d'y ajouter les règles de l'ancien droit lombard qui auraient été omises. L'addition des chap. CCCLXXXVII et CCCLXXXVIII est le fruit de cette réserve; peut-être même fut-elle le résultat d'observations faites au roi par quelques membres de l'assemblée. Le dernier ne contient d'ailleurs qu'une disposition transitoire relative à l'application du nouveau code, et les mots qui le terminent prouvent qu'il a fait dès l'origine partie de l'édit. Enfin, il existe dans un petit nombre de manuscrits, entre les chapitres CCL et CCLI, un chapitre qui est évidemment le produit d'une interpolation. Le professeur Blume, dont les travaux ont jeté tant de lumières sur l'histoire du droit lombard, avait d'abord pensé que ce chapitre faisait partie de la rédaction soumise par Rotharis à l'assemblée de Pavie, qu'il avait été rejeté par cette assemblée, et que c'est pour cette raison qu'il se trouvait omis dans la plupart des manuscrits. Mais l'examen attentif de ce chapitre, dont les prescriptions sont contraires à plusieurs autres dispositions de l'édit, ne permet pas d'adopter cette opinion; le mode de compter les jours par nuits, mode usité chez les Francs, mais étranger aux usages juridiques des Lombards, prouve d'ailleurs que sa rédaction ne remonte pas au-delà de l'époque Carlovingienne, et M. Baudi di Vesme a fait preuve d'une critique mieux éclairée, en rejetant ce texte apocryphe du corps de l'édit de Rotharis.

Je n'ai pas l'intention d'exposer en détail les dispositions dont ce code est formé. Je veux seulement présenter quelques observations générales sur le système de sa composition. Bien que sa rédaction soit postérieure à celle des autres lois germaniques, il est cependant, comme elles, consacré en grande partie au droit criminel. On y rencontre assurément bien des traces d'une civilisation plus avancée; l'autorité royale, l'organisation administrative et judiciaire, la police, le commerce, les travaux publics, y sont l'objet d'un plus grand nombre de prescriptions; mais le droit civil proprement dit n'y occupe encore qu'une petite place, et la part qui lui est faite ne pouvait évidemment suffire aux besoins juridiques de la nation. On ne peut donc mettre en doute que la coutume ait continué à exercer son empire à côté de la législation écrite. Nous en avons la preuve, même pour une époque postérieure au règne de Rotharis. Dans le prologue de son septième édit, Liutprand parle des difficultés qui lui ont été soumises, et qu'il n'a pu résoudre ni par le texte de l'édit, ni par la coutume : *In præsentia nostra adduxerunt causas, quæ nec* PER USUM *fuimus certi ad terminandum, nec in Edicti corpore anteà insertæ.* Dans le chapitre IV, que j'ai déjà cité, de son huitième édit, le même prince reconnaît que la nullité des donations faites sans *gairethinx* n'était point prononcée par l'édit, et que c'est la coutume qui l'a introduite. — Mais quand on n'aurait pas les preuves que je viens de donner et celles que je pourrais y ajouter encore, on ne saurait douter de la persistance du droit coutumier chez les Lombards et de son influence sur le développement progressif de leur législation. C'est un fait qu'établissent également les lacunes du code de Rotharis, le respect des nations germaniques pour les anciens usages et l'histoire juridique des peuples contemporains.

Ici se présente une question curieuse et vivement controversée. Quel fut, après la promulgation du code de Rotharis, le rôle du droit romain, que les Lombards avaient trouvé en vigueur dans toute l'Italie? Je sais que je touche à l'un des problèmes les plus obscurs de l'histoire du droit; M. de Savigny, M. Troya, M. Rezzonico, M. Hegel, l'ont agité tour-à-tour avec une science profonde, et lui ont donné les solutions les plus opposées. Mais je n'ai l'intention ni de renouveler leurs doctes querelles, ni même d'analyser leurs travaux. Il me suffira, pour répondre à la question que j'ai posée, de citer l'opinion du savant le plus opposé à la persistance des lois romaines pendant le moyen-âge.

M. Troya, qui a cherché à démontrer que les Italiens furent privés par la conquête, non-seulement de leur indépendance nationale, mais encore de leurs lois civiles, et qu'ils furent contraints de pratiquer les coutumes des vainqueurs, reconnaît cependant que le droit romain pouvait être suivi dans tous les cas où la loi lombarde était muette. Il cite comme exemple les contrats d'emphythéose, d'échange, de mandat, de société. Il ajoute encore que, pour échapper à la législation du vainqueur et à l'autorité de ses tribunaux, les Italiens soumettaient fréquemment leurs procès à des arbitres de leur nation, et qu'ils décidaient entre eux leurs différends d'après le texte des lois romaines [1]. En admettant donc, ce qui me semble fort douteux, que le droit romain eût perdu par une disposition prohibitive des rois lombards son existence officielle, il faut au moins reconnaître avec M. Troya qu'il conserva sa force dans un grand nombre de cas, et qu'il continua d'être suivi à titre de coutume. Le silence du code de Rotharis sur la plupart des transactions civiles lui prêtait évidemment une grande autorité, et devait rendre fréquentes les occasions de l'appliquer.

On peut même aller plus loin, et prouver que les principes du droit romain pénétrèrent dans la législation lombarde et la modifièrent peu à peu. M. de Savigny a signalé dans l'édit même de Rotharis plusieurs traces de son influence : l'attribution exclusive au fils de famille des pécules *castrans* et *quasi-castrans*, la division de l'hérédité en onces, la limitation des causes d'exhérédation. Plus

[1] Codice diplomatico longobardo, tom. II, p. 428.

on avance, et plus on est frappé de ses progrès; quand les Lombards embrassent la foi catholique, cette influence s'unit à celle du clergé et devient prépondérante. Mais ce résultat ne se manifeste clairement que sous les règnes de Liutprand et de ses successeurs, et nous devons en réserver la démonstration pour le Mémoire suivant, où nous ferons connaître le rôle législatif de ces princes.

Toulouse. — Typographie de Bonnal et Gibrac, rue St-Rome, 44.

www.ingramcontent.com/pod-product-compliance
Ingram Content Group UK Ltd.
Pitfield, Milton Keynes, MK11 3LW, UK
UKHW020549230726
13925UKWH00006B/2475

9 782014 044874